BEI GRIN MACHT SICH IHR WISSEN BEZAHLT

- Wir veröffentlichen Ihre Hausarbeit,
  Bachelor- und Masterarbeit

- Ihr eigenes eBook und Buch -
  weltweit in allen wichtigen Shops

- Verdienen Sie an jedem Verkauf

Jetzt bei www.GRIN.com hochladen
und kostenlos publizieren

Bibliografische Information der Deutschen Nationalbibliothek:

Die Deutsche Bibliothek verzeichnet diese Publikation in der Deutschen National-
bibliografie; detaillierte bibliografische Daten sind im Internet über http://dnb.d-
nb.de/ abrufbar.

Impressum:

Copyright © 2016 GRIN Verlag, Open Publishing GmbH
Druck und Bindung: Books on Demand GmbH, Norderstedt Germany
ISBN: 9783668173453

Dieses Buch bei GRIN:

http://www.grin.com/de/e-book/318116/die-medienkonzentration-im-tageszeitungs-
markt-und-ihre-auswirkungen-auf

Anonym

Die Medienkonzentration im Tageszeitungsmarkt und ihre Auswirkungen auf die Meinungsvielfalt in Hamburg

GRIN Verlag

GRIN - Your knowledge has value

Der GRIN Verlag publiziert seit 1998 wissenschaftliche Arbeiten von Studenten, Hochschullehrern und anderen Akademikern als eBook und gedrucktes Buch. Die Verlagswebsite www.grin.com ist die ideale Plattform zur Veröffentlichung von Hausarbeiten, Abschlussarbeiten, wissenschaftlichen Aufsätzen, Dissertationen und Fachbüchern.

Besuchen Sie uns im Internet:

http://www.grin.com/

http://www.facebook.com/grincom

http://www.twitter.com/grin_com

Hausarbeit zum Thema:

Medienkonzentration im Tageszeitungsmarkt und Ihre Auswirkungen auf die Meinungsvielfalt in Hamburg

Inhaltsverzeichnis

Abbildungsverzeichnis

Abkürzungsverzeichnis

AfA   Absetzung für Abnutzung

dpa   Deutsche Presse-Agentur

NDR   Nord Deutscher Rundfunk

1. Einleitung

Es ist immer wieder vom großen Zeitungssterben zu lesen, Fusionen, der Zusammenlegung von Redaktionen zu großen "Content-Desks", Massenentlassungen und einem Höchstwert bei der Pressekonzentration[1]. Dem Bundesbürger stehen im Schnitt 1,5 Zeitungen zur Auswahl und 44 Prozent haben gar keine Auswahl mehr, da sie in einem Zeitungsmonopol leben.[2] Daraus ist meine Forschungsfrage entstanden, da es in Hamburg augenscheinlich eine sehr große Auswahl an Tageszeitungen gibt - Wenn der Bahnhofsauslage Glauben geschenkt wird. Veröffentlichungen, die die gewonnenen Forschungsergebnisse auf Bundesebene in einen lokalen Bezug setzen gibt es nicht, so dass eine Forschungslücke besteht.

Die Merkmale der Tageszeitung sind dabei ihre Aktualität, Publizität, Universalität und Periodizität.[3] In meiner Untersuchung fasse ich die Boulevard-Zeitung mit einem meist geringen Anteil an Abonnenten[4] und die Abonnenten-Zeitungen zusammen.

In Kapitel 2. werde ich die Grundlagen beschreiben, die in zwei Unterkapitel geteilt sind. In 2.1 sind die Ursachen für die Entstehung von Medienkonzentration aufgeführt und ggf. Unterschiede. Kapitel 2.2 beschreibt die daraus entstehenden Auswirkungen auf die Meinungsvielfalt. In Kapitel 3 werde ich die dann gewonnenen Informationen auf das Gebiet Hamburg anwenden und nach der Definition von diesem in 3.1, den Tageszeitungsmarkt und Verbindungen der Unternehmen untereinander in Unterpunkt 3.2 beschreiben. Die Auswirkungen einer möglichen Medienkonzentration in Hamburg auf die Meinungsvielfalt, abgeleitet aus der Situation in Hamburg, werde ich in Kapitel 3.3 darlegen. Die Gesamtsituation in Hamburg betrachte ich dann in Kapitel 4. als Fazit abschließend und verweise auf weitere problematische Bereiche unter Angabe von zwei Lösungsvorschlägen.

2. Medienkonzentration und Ihre Auswirkung

2.1 Unterschiedliche Ursachen und Entstehungsweisen

Medien sind auf dem Markt zwei unterschiedlichen Wettbewerben ausgesetzt. Zum einen konkurrieren sie als wirtschaftliche Einheiten miteinander, zum anderen ist es ihre Aufgabe, publizistische Leistungen zu erbringen und zu vermitteln. Sie sind daher einem ökonomischen als auch publizistischen Wettbewerb ausgesetzt.[5] Die ökonomische Literatur führt vor allem zwei Merkmale in Medienmärkten an, die zu Konzentrationstendenzen führen: Fixkostendegression und der Verbund von Lese- und

---

[1] Vgl. Röper (2014b), S. 254
[2] Vgl. Schütz (2012a), S. 585f.
[3] Vgl. Mallik (2004), S. 70f.
[4] Vgl. Beck (2011), S. 85
[5] Vgl. Hofmann (2010), S. 33

Werbemärkten.[6] Die Fixkostendegression lässt sich darüber erklären, dass die Produktion von Informationsgütern, wie der Tageszeitung, dadurch geartet ist, dass zunächst hohe Fixkosten und nach der Erstellung der Prototypen geringe variable Kosten anfallen.[7] Diese Fixkosten werden auch First-Copy-Costs genannt und fallen unabhängig von der verkauften Auflage an.

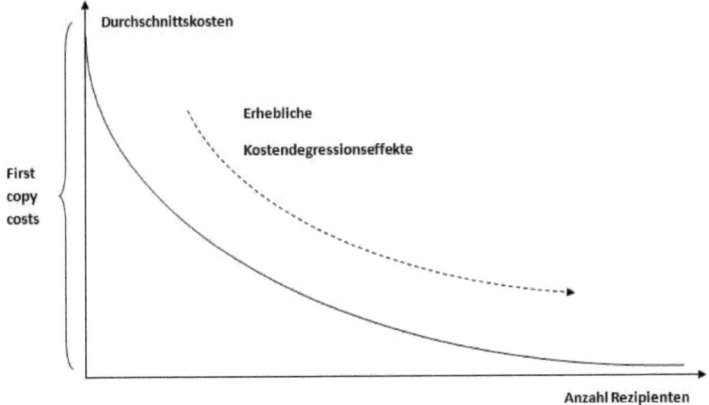

Abb. 1: First-Copy-Costs, Quelle: Wirtz (2009), S.35.

Ein Großteil der Fixkosten entfällt auf die Redaktion und die darin eingesetzten Ressourcen[8], aber auch das Durchlaufen unterschiedlicher Herstellungsstufen, Absetzung für Abnutzung (AfA), Miete, Nebenkosten, Werbung und Zinsen zählen hinzu. Hierdurch beläuft sich der Fixkostenblock auf etwa 50 Prozent. Das Endprodukt kann nach der Herstellung an beliebig viele Rezipienten abgegeben werden, ohne dass sich der Inhalt verbraucht. Mit jedem weiteren Exemplar sinken zudem die Kosten, die sich anteilig auf die Summe der Vervielfältigung verteilen. Der Herstellungspreis amortisiert sich umso eher, je mehr Zeitungen verkauft werden und desto mehr Gewinn wird letztendlich erzielt.[9] Eine ausgeweitete Fixkostendegression erhält das Unternehmen, wenn es sich auf eine Monopolzeitung beschränkt. Durch einen inszenierten Wettbewerb unter seinen eigenen Produkten realisiert er beträchtliche Synergieeffekte in Druck, Verwaltung und Vertrieb. Dies liegt daran, dass der Monopolist hohe zusätzliche Kostenvorteile realisieren kann, die von seinem Marktangebot abhängen.[10] Doch der Fixkostendegression sind auch Grenzen gesetzt, da die Kostenfunktionen eher sprungfixe Kosten aufweisen wird, wodurch die genannten Vorteile nur innerhalb

---

[6] Vgl. Hosp (2005), S. 65f.
[7] Vgl. Hosp (2005), S. 24
[8] Vgl. Wirtz (2009), S. 204f.
[9] Vgl. Hofmann (2010), S. 68f.
[10] Vgl. Heinrich/Lobigs (2006), S. 205

bestimmter Kostenintervalle auftreten. Diese These könnte ein Hinweis darauf sein, warum die Konzentration innerhalb bestimmter Größenklassen und damit bei den Regionalzeitungen so hoch ist. Im Extremfall kann ein einziger Anbieter die übrige Konkurrenz vom Markt drängen.[11] Weiterhin führen Skaleneffekte und Verbundvorteile zu Konzentrationstendenzen, die von der Fixkostendegression abzugrenzen sind.[12] Die Skaleneffekte ergeben sich u.a. aus dem Fremdbezug von Tageszeitungsmänteln, wobei z. B. der politische Teil von einer anderen Redaktion als der Redaktion der herausgebenden Tageszeitung erstellt wird.[13] Verbundvorteile entstehen, wenn ein Unternehmen mehrere Produkte billiger herstellen kann, als wenn einzelne Unternehmen diese produzieren würden. Hierzu zählt z. B. die Mehrfachverwertung von Inhalten in unterschiedlichen Medien[14] innerhalb des verfolgten Hauptgeschäfts, als auch die Nutzung zur Herstellung anderer Produkte im Zeitschriften-, Rundfunk- und Internetbereich.[15] Verbundvorteile bilden eine strukturelle Markteintrittsbarriere und fördern die Konzentration, weil neue Anbieter gezwungen sind mit bereits hohen Volumina in den Markt einzutreten oder mit anderen Verlagen zu kooperieren, um die notwendige Größe zu erreichen.[16]

Die Verdichtung der ökonomischen Kräfte kann sich dabei in drei Richtungen entwickeln. Eine horizontale Konzentration liegt vor, wenn ein Unternehmen ein anderes Unternehmen derselben Branche übernimmt und damit seinem Handlungsbereich treu bleibt. Dies bringt eine Erhöhung der Marktanteile mit sich.[17] Kosteneinsparungen und Synergieeffekte können dabei möglicherweise sinkende Auflagen und Anzeigenerlöse kompensieren.[18] Von vertikaler Konzentration wird gesprochen, wenn ein Unternehmen alle vor- und nachgelagerten Stufen der Wertschöpfungskette bei sich zu bündeln versucht. Diagonale Konzentration liegt vor, wenn Unternehmen sich auf verschiedenen Teilmärkten zusammenschließen, die sich gewöhnlich nicht in der Absatz- und Produktionsseite berühren - Spätere Annäherungen sind nicht ausgeschlossen. Diese Form gilt auch als intermediäre oder crossmediale Verflechtung.[19] Das Produkt kann schlussendlich am günstigsten vom Monopolisten angeboten werden.[20]

[11] Vgl. Beck (2011), S. 102
[12] Vgl. Hofmann (2010), S. 68f.
[13] Vgl. Wirtz (2009), S. 204f.
[14] Vgl. Hosp (2005), S. 24
[15] Vgl. Hofmann (2010), S. 72f.
[16] Vgl. Wirtz (2009), S. 168f.
[17] Vgl. Schnell (2008), S. 88f.
[18] Vgl. Röper (2014a), S. 496
[19] Vgl. Schnell (2008), S. 88f.
[20] Vgl. Hofmann (2010), S. 68f.

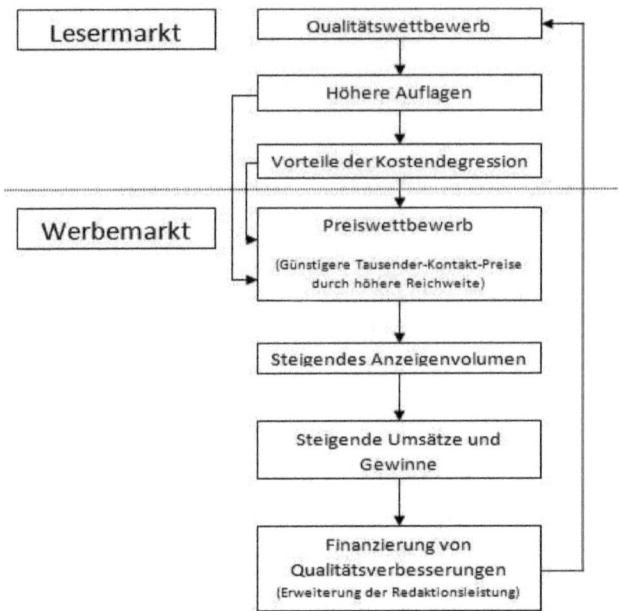

Abb. 2: Anzeigen-Auflagen-Spirale, Quelle: Wirtz (2009), S. 170.

Das zweite Merkmal, der Verbund von Leser- und Werbemärkten, kann als Modell betrachtet werden, das den Wettbewerb im Pressemarkt in zwei Teilmärkte untergliedert.[21] Auf dem Lesermarkt werden den Endabnehmern Informationen und Unterhaltung angeboten[22] bei gleichzeitig stattfindendem Qualitätswettbewerb[23], den Werbetreibenden auf dem Werbemarkt die Aufmerksamkeit der Rezipienten[24] in Verbindung mit einem Preiswettbewerb. Eine Steigerung der Auflage auf dem Lesermarkt wird durch Qualitätsverbesserungen erreicht. Werden Qualitätsverbesserungen durchgeführt, kommt es zu einer Erhöhung der verkauften Auflage. Dies führt zum einen zu einer Kostendegression in der Zeitungsproduktion und zum anderen (bei gleichbleibenden Anzeigenpreis) zu einer Senkung des Tausender-Kontakt-Preises. Infolge dessen ist von einer Umsatzerhöhung durch zunehmende Anzeigen auszugehen. Alternativ kann der Anbieter bei gegebenem Anzeigenvolumen auch einen höheren Anzeigenpreis durchsetzen. In beiden Versionen führt die Auflagenerhöhung zu einer Umsatz- und Gewinnsteigerung, die dazu genutzt werden

---

[21] Vgl. Wirtz (2009), S. 168f.
[22] Vgl. Hosp (2005), S. 65f.
[23] Vgl. Wirtz (2009), S. 168f.
[24] Vgl. Hosp (2005), S. 65f.

4

kann weitere Qualitätsverbesserungen auf dem Lesermarkt zu finanzieren, was wieder zu einer Auflagensteigerung und damit zur Anzeigen-Auflagen-Spirale führt.[25] Generell führt die Anzeigen-Auflagen-Spirale am ehesten dort zu Konzentration, wo aus Sicht der Marktgegenseite die größte Substitution herrscht. Besonders stark vollzieht sich der Konzentrationsprozess auf Teilmärkten, in denen die erscheinenden Zeitungen aufgrund derselben Generallinie[26] (Auswahl, Interpretation und Bewertung von Nachrichten[27]) vergleichbar sind und sich durch einen besonders hohen intermediären Wettbewerb auszeichnen.[28] Die durch den ökonomischen und publizistischen Wettbewerb entstehenden Konzentrationen lassen sich oft nicht auseinanderhalten, wenn beispielsweise ein Verlag im Zuge eines Aufkaufs Redaktionen zusammenlegt.[29] So wird auch von einer "Ökonomisierung" als ein übergreifender Prozess gesprochen, bei dem das mediale Handeln weitgehend von ökonomischer Berechnung geprägt ist und die wirtschaftlichen und betriebswirtschaftlichen Regeln zunehmend auch für Medienorganisationen gelten.[30] Dies bedeutet eine strukturelle Abhängigkeit der Zeitungen in Bezug auf ökonomische Zielsetzungen bei allen personellen und publizistischen Fragen.[31] In allen Fällen ist das Ziel eine möglichst große Ausnutzung der ökonomischen und finanziellen Vorteile, durch Anwendung der vorherig genannten Effekte und Prinzipien. Die so geschaffenen Markteintrittsbarrieren verringern die Wahrscheinlichkeit des Eintritts neuer Anbieter in den Markt und schützen auf diese Weise etablierte Unternehmen[32], was die in der Pressebranche üblichen Fusionen und Übernahmen anstelle Neugründungen in ihrer Wirksamkeit belegen.[33]

2.2 Auswirkung auf die Meinungsvielfalt

Bereits Anfang der Neunziger Jahre sagten amerikanische Journalismus-Experten den immer stärker werdenden Einfluss der Betriebswirte und Marketing-Experten auf die Medien voraus.[34] So werden durch Nutzung des Skaleneffekts z. B. die Lokalteile von den jeweiligen Lokalredaktionen gestaltet, überregionale Inhalte von Zentralredaktionen[35] oder auch bei großen globalen Nachrichtenagenturen wie der dpa[36] beschafft, die dann dem Layout der Regionalausgabe angeglichen werden. Es handelt

---

[25] Vgl. Wirtz (2009), S. 168f.
[26] Vgl. Hofmann (2010), S. 69f.
[27] Vgl. Hofmann (2010), S. 35
[28] Vgl. Hofmann (2010), S. 69f.
[29] Vgl. Höke (2007), S. 71
[30] Vgl. Pointner (2010), S. 28
[31] Vgl. Pointner (2010), S. 112f.
[32] Vgl. Wirtz (2009), S. 34
[33] Vgl. Hosp (2005), S. 65f.
[34] Vgl. Pointner (2010), S. 112f.
[35] Vgl. Wirtz (2009), S. 204f.
[36] Vgl. Wirtz (2009), S. 201

sich jedoch häufig um keine Fremdbeschaffung, da die Übernahme der Mäntel innerhalb eines Verlages geschieht.[37]

Durch die ökonomische Verdichtung stattfindenden Fusionen und Übernahmen werden ganze Redaktionen zusammengelegt und die Belegschaft mitunter soweit reduziert, dass die verbliebenen für die Veröffentlichung von Agenturmeldungen zuständig sind[38], Meinungen kolportiert werden, anstatt Argumente zu sammeln und gründliche Recherchen durchzuführen.[39] Durch die Vereinheitlichung von redaktionellen Leistungen, wie durch Errichtung von Zentralredaktionen, sollen die Stückkosten weiter gesenkt werden.[40] Immer weniger Journalisten produzieren immer mehr Inhalte. Es drohen neben qualitativen Einbußen der Einzelleistungen auch der Rückgang gedanklicher Vielfalt, durch Dezimierung der Zahl der Ideengeber selbst.[41] Der Ansporn, bessere journalistische Leistungen als die Konkurrenz zu erbringen, wird geringer.[42] Durch die Zusammenschlüsse nimmt der inhaltliche Austausch untereinander zu.[43] Um Kosten zu sparen kommt es zu Mehrfachverwertungen und Wiederholungen.[44] Neben redaktionellen Kooperationen können auch redaktionsübergreifende Archive aufgebaut werden, die im besten Fall die Leistungsfähigkeit des Mediums steigern, im schlechtesten zu einer Übernahme der Berichterstattung voneinander führen - Wobei der letztere Fall wahrscheinlicher ist.[45] Im Wettbewerb um die Anzeigenerlöse auf dem Werbemarkt werden Veröffentlichungen tendenziell zugunsten gleichförmiger Meinungen selektiert oder auch Meinungen zurückgehalten, die für den Leser Entscheidungsrelevanz hätten wenn sie Ihm zur Kenntnis gelangen würden.

Durch weniger individuelle Meinungen bezüglich einer Problemsituation sinkt auch die Chance, dass Irrtümer schneller entdeckt werden und diese sich in der Gesellschaft durchsetzen und ausbreiten. Das liegt daran, dass ein Großteil der Meinungen über unsere Umwelt auf Informationen aus "zweiter Hand" basieren, die aus Zeitungen und anderen Massenmedien bezogen werden und nicht auf Beobachtungen und unmittelbaren Erfahrungen. Dieser Effekt wird auch "media bias" genannt.[46] Die Reduktion der Vielfalt muss nicht unbedingt zu einem Rückgang der Leserschaft führen, solange die Zeitung genügend Neuigkeiten enthält, die den anspruchsvollen Leser zufriedenstellt und das "Versäumnis" unentdeckt bleibt.[47]

---

[37] Vgl. Wirtz (2009), S. 204f.
[38] Vgl. Augstein (2005), S. 1494
[39] Vgl. Beck (2011), S. 56
[40] Vgl. Röper (2014a), S. 496
[41] Vgl. Hinrichsen (2013), S. 82
[42] Vgl. Meier (2004), S. 4
[43] Vgl. Trappel et al. (2002), S. 113
[44] Vgl. Beck (2011), S. 56
[45] Vgl. Trappel et al. (2002), S. 113
[46] Vgl. May (2007), S. 125f.
[47] Vgl. May (2007), S. 233

Der produzierte Anzeigenraum, durch den Gewinne erzielt werden sollen, ist nur durch den redaktionellen Teil absetzbar und damit ein gewinnsteigerndes Mittel.[48] Deshalb steht zum einen die Erhöhung der Profitabilität im Vordergrund, die durch Vervielfältigung, Standardisierung und Imitation erreicht werden soll, zum anderen nimmt die Ausrichtung an Werbekunden und Endverbrauchern zu. Es wird für die Auftraggeber ein optimales Werbeumfeld geschaffen. Solange die Dienstleistung kostengünstig erbracht werden kann, werden auch die Wünsche der Leser berücksichtigt.[49] Durch den Umstand, dass die Unternehmen ihre Presseprodukte zeitgleich herstellen, kann nicht auf die Produkte der Mitbewerber gewartet werden um es dann wie in den normalen Produktmärkten zu kopieren. Die Verlage vermeiden es aus diesen Grund wirtschaftliche Risiken einzugehen und dadurch Gefahr zu laufen einen Teil der Leserschaft zu verlieren. Politische Ereignisse werden stattdessen möglichst neutral dargestellt, dass maximal eine leichte Grundtendenz zu erkennen bleibt.[50] Betrachtet man die anfangs genannten Faktoren, aufgrund derer Medienkonzentration entsteht, so führt Wettbewerb im Pressemarkt faktisch nicht nur zu einer Angleichung des gehandelten Produkts Zeitung, sondern gleichzeitig zu einer Angleichung von Meinungen und Inhalten, die sich in erster Linie an der Einstellung der Leser, der Akzeptanz der geäußerten Meinungen und damit am Ende an der Verkaufsfähigkeit des Inhalts einer Zeitung orientiert.[51] Aus Meinungsvielfalt wird eine homogenisierte Einheitsmeinung mit dezenten Grundtendenzen.

Es kommt also nicht auf die Zahl der Zeitungen an, sondern dass sich der Leser aus einer einzigen Zeitung informieren kann und diese ihm alle wichtigen Aktualitäten zuverlässig vermittelt.[52] So beherrscht die Ökonomie die politischen, sozialen und kulturellen Medienmärkte, wodurch Vielfalt, Publizität, Gespräche über die eigene Kultur und Gesellschaft in den Hintergrund treten und damit die Kommerzialisierung weiter voranschreitet.[53]

3. Aktuelle Medienkonzentration in Hamburg

3.1 Definition des Gebietes

Teilweise kann es zu Unklarheiten oder Missverständnissen bzgl. des genauen Umrisses der Stadt Hamburg kommen. Es wird auch von Metropolregion gesprochen, die dann Kreise und kreisfreie Städte in Niedersachsen, Schleswig-Holstein und

---

[48] Vgl. Pointner (2010), S. 114
[49] Vgl. Meier (2004), S. 4
[50] Vgl. Hofmann (2010), S. 97
[51] Vgl. Hofmann (2010), S. 124
[52] Vgl. Spoo (1980), S. 165
[53] Vgl. Höke (2007), S. 72

Mecklenburg-Vorpommern umfasst.[54] Der zu untersuchende Bereich und die dadurch entstehende Vielzahl von Verlagen und Presseunternehmen würde den Umfang dieser Hausarbeit dann jedoch überschreiten. Daher beschränke ich mich nur auf Hamburg mit einer Einwohnerzahl von etwas über 1,7 Millionen Einwohnern.[55]

Abb. 3: Karte von Hamburg (Quelle: Statistisches Amt für Hamburg und Schleswig-Holstein 2015)[56]

3.2 Der Tageszeitungsmarkt

Hamburg hat als eine der wenigen Städte in Deutschland eine Zeitungsdichte von sechs Tageszeitungen,[57] was dem vierfachen des Bundesdurchschnitts entspricht.[58] Die Zeitungsdichte wird gemessen in "publizistische Einheit mit Kooperation". Es sind auch die Zeitungen erfasst, die Ihren Mantel, die ersten Seiten mit aktuellen politischen Nachrichten, fremdbeziehen und allein den Lokalteil in der eigenen Redaktion erstellen. Wie es um die "äußere Meinungsvielfalt[59]" (unterschiedliche Meinungen und

---

[54] Vgl. Statistisches Landesamt Bremen et al. (2011), S. 2
[55] Vgl. Statistisches Landesamt Bremen et al. (2011)
[56] Vgl. http://www.statistik-nord.de/fileadmin/Dokumente/NORD.regional/NR17_Statistik-Profile_HH_2015.pdf Abgerufen am 10.01.2016
[57] Vgl. Schütz (2012a), S. 587
[58] Vgl. Schütz (2012a), S. 585f.
[59] Vgl. Schütz (2012a), S. 570

Sachverhalte in der Gesamtheit miteinander konkurrierender Medien)[60] bestellt ist lässt sich durch die Kategorie der "publizistischen Einheit" feststellen, in der nur die Zeitungen mit einem eigenständigen Mantelteil erfasst werden, also im Regelfall die ersten beiden Seiten vollständig oder in wesentlichen Teilen übereinstimmen.[61] Hier stehen dem Leser in Hamburg dann nur noch vier zur Verfügung. Die äußere Vielfalt fällt geringer aus.[62] Zu den publizistischen Einheiten in Hamburg zählen das "Hamburger Abendblatt", die "Hamburger Morgenpost", die "Financial Times Deutschland" und die "Harburger Anzeigen". Die "Bergedorfer Zeitung" und die "Uetersener Nachrichten" zählen zu den publizistischen Einheiten in Kooperation. Die Mäntel erhalten sie durch die "Harburger Anzeigen".

Alle sechs liefern dem Leser 16 Ausgaben.[63] Bei einer Ausgabe handelt es sich um die kleinste pressestatistische Einheit, die sich durch eine variierende inhaltliche Gestaltung z. B. von Regionalseiten für ein bestimmtes Verbreitungsgebiet unterscheidet.[64] Die Teilung bestehender Ausgaben ist darauf zurückzuführen, dass der Anbieter lokale Interessen der Leser als auch gezielte Anzeigenschaltung der Werbenden besser entsprechen möchte.[65] So bringt beispielsweise das "Hamburger Abendblatt" eigens für die Gebiete Stormarn, Norderstedt, Pinneberg und Harburg eine eigene Ausgabe heraus.[66] Zwischen "Hamburger Abendblatt", "Bergedorfer Zeitung" und den "Uetersener Nachrichten" besteht zudem eine redaktionelle Kooperation.[67] Diese Zahlen aus 2012 berücksichtigen jedoch nicht, dass die "Financial Times Deutschland" am 7. Dezember 2012 das letzte Mal erschienen ist[68] und die "Harburger Anzeigen" Ende September 2013 eingestellt worden sind[69].

---

[60] Vgl. Weber (1992), S. 251
[61] Vgl. Schütz (2012a), S. 570
[62] Vgl.Schütz (2012a), S. 572
[63] Vgl.Schütz (2012b), S. 598
[64] Vgl. Trappel et al. (2002), S. 38
[65] Vgl. Schütz (2012a), S. 585
[66] Vgl. http://www.abendblatt.de/ratgeber/extra-journal/article120854924/Die-Regionalen-Stormarn.html Abgerufen am 10.01.2016
[67] Vgl. Schütz (2012b), S. 598
[68] Vgl. http://www.dw.com/de/zeitungssterben-in-deutschland/a-16435021 Abgerufen am 31.12.2015
[69] Vgl. http://www.abendblatt.de/hamburg/article116682994/Harburger-Anzeigen-und-Nachrichten-werden-eingestellt.html Abgerufen am 10.01.2016

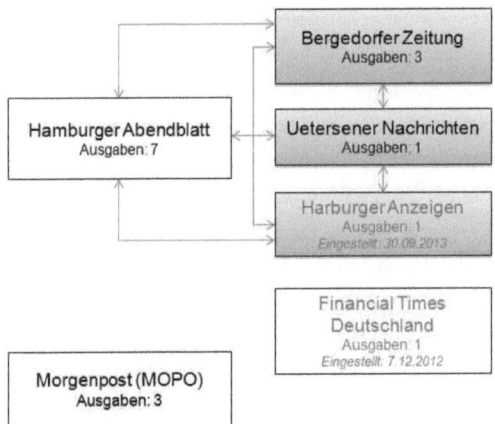

Abb. 4: Hamburger Tageszeitungsmarkt, Quelle: eigene Darstellung[70]

Dadurch gibt es in Hamburg nur noch drei von vorher vier publizistischen Einheiten und vier von vorher sechs publizistischen Einheiten in Kooperation. Die Ausgaben haben sich von 16 auf 14 reduziert, wenn sich diese Zahlen nicht bis heute geändert haben. Ungeklärt bleibt die Frage, wer anstelle der "Harburger Anzeigen" die Mäntel für "Bergedorfer Zeitung" und "Uetersener Nachrichten" erstellt.

3.3 Auswirkung auf die Meinungsvielfalt

Die immer weiter schrumpfenden Redaktionen der Zeitungen berichten eigentlich immer das Gleiche. Es gibt viele Dinge, über die gesprochen werden müsste, aber nicht gesprochen wird. Meinungen werden aus Pressemitteilungen unkritisch übernommen ohne selber zu recherchieren. So auch 2013, als fast alle Zeitungen schrieben, dass Polizisten auf der Davidwache von einem autonomen Mob angegriffen worden sind. Die Recherche einer Onlinezeitung vor Ort zeigte jedoch ein ganz anderes Bild.[71] So gab es zwar einen Vorfall, der sich ca. 200m weiter entfernt ereignete, bei dem ein Polizist von einem Passanten verletzt wurde, doch dass der Täter aus der linken Szene kommt sei nicht sicher. Genauso kann es sich auch um eine Auseinandersetzung mit Kiezgängern gehandelt haben.[72] So vertraut der Leser auf das, was er liest, vor allem wenn es unisono in fast allen Zeitungen zu finden ist. Die Redaktionen des "Hamburger Abendblattes" und der "Berliner Morgenpost" kooperieren bereits seit einigen Jahren innerhalb des Springer

---

[70] Vgl. Schütz (2012b), S. 598
[71] Vgl. App S. Minute 0:33-5:18ff.
[72] Vgl. http://hh-mittendrin.de/2014/01/jurist-ausert-zweifel-an-angriff-auf-davidwache/ Abgerufen am 14.01.2016

Konzern eng mit jenen "Der Welt". Auch nach dem Eigentümerwechsel zur Funke Mediengruppe soll diese fortgesetzt werden.

Der neue Eigner kann Synergieeffekte innerhalb des eigenen Unternehmens daher nur eingeschränkt erzielen.[73] Es bleibt offen, wie viel vom "Hamburger Abendblatt" an "Die Welt" verloren geht und ob das vom Essener Content-Desk für die Abonnenten zufriedenstellend kompensiert werden kann.[74] Bereits für den Kauf der WAZ-Gruppe musste die Funke-Mediengruppe einen Kredit aufnehmen, was zu enormen Stellenstreichungen führte bis dahin, dass z. B. die "Westfälische Rundschau" nur noch aus Ihrem Titel besteht, der gefüllt wird,[75] oder die Neue Ruhr/Rhein Zeitung (NRZ) personell so stark reduziert wurde, dass Zulieferungen anderer Redaktionen unausweichlich sind.[76] Für den Springer-Funke Deal wurde Funke ein Großteil der Kaufsumme von Springer geliehen, die damit hoch bei ihnen verschuldet sind, wodurch die Funke-Gruppe eng an Springer gebunden sein wird. Wenn man so will hat Springer Funke gekauft.[77] Nun muss das Geld für wirtschaftliche Freiheit wieder reingeholt werden. Die Strategie dürfte hier wohl auch wie bei dem WAZ Deal lauten: Zusammenlegungen, Stellenstreichungen und Lohnkürzungen.

Man kauft zwar Journalismus, investiert aber nicht in ihn.[78] Guter Journalismus ist also zweitrangig. Der Verlagsgeschäftsführer des "Hamburger Abendblatts" Frank Mahlberg teilt W&V Online mit, dass das Potenzial im Werbemarkt 'noch nicht voll ausgeschöpft' sei. Die Funke-Strategie wird höchstwahrscheinlich die Ausschöpfung der lokalen Märkte lauten[79], wozu ein werbefreundliches Umfeld benötigt wird. Im lokalen Tageszeitungsmarkt stehen dem Rezipienten demnach nur noch die "Hamburger Morgenpost", die zur Verlagsgruppe DuMont Schauberg gehört[80] oder überregional (mit Lokalausgabe) die genossenschaftlich organisierte Zeitung "taz.Die Tageszeitung" zur Auswahl. Aufgrund der in Kapitel 2.1 genannten Ursachen für Medienkonzentration, Fixkostendegression und Verbund Leser-/Werbemärkte, die hier vorhanden sind und Anwendung finden und weiter finden werden, besteht ein großes Risiko, dass die in Kapitel 2.2 dargestellten Auswirkungen auf die Meinungsvielfalt eintroten. Es lässt sich allerdings nicht einfach von der Messung wirtschaftlicher oder publizistischer Konzentration auf den Einfluss auf die Meinungsvielfalt schließen. Dazu bedarf es empirische Untersuchungen, die unabdingbar sind.[81] Die generellen Folgen der

---

[73] Vgl. Röper (2014b), S. 260
[74] Vgl. Grieß (2014), S. 270
[75] Vgl. Grieß (2014), S. 270
[76] Vgl. Röper (2014a), S. 503
[77] Vgl. Grieß (2014), S. 270f.
[78] Vgl. Grieß (2014), S. 270
[79] Vgl. http://www.wuv.de/medien/funke_kauft_am_standort_hamburg_zu Abgerufen am 03.01.2016
[80] Vgl. Röper (2014b), S. 265
[81] Vgl. Hofmann (2010), S. 102

Konzentration im lokalen und regionalen Bereich sind jedoch kommunikationswissenschaftlich seit langem nicht mehr untersucht worden. 1976 kam Noelle-Neumann auf Basis einer Leserbefragung und einer inhaltsanalytischen Langzeitstudie zu dem Ergebnis, dass es bei Zeitungen mit Monopolstellung keine Anhaltspunkte für Qualitätseinbußen der Zeitungen gibt.[82] Eine Monopolsituation existiert in Hamburg bislang noch nicht, sodass das Ergebnis in diesem Fall keine Anwendung finden kann. Es besteht in der qualitativen Untersuchung der Meinungsvielfalt zur Zeit eine Forschungslücke.

4. Fazit

Die Untersuchung hat gezeigt, dass der Einfluss der ökonomischen Prinzipien auf die Medien noch weiter steigen wird, da der Wettbewerb um öffentliche Aufmerksamkeit und Werbeeinnahmen zunimmt, wie Frank Mahlberg bereits mitteilte. Es bildet sich zunehmend ein wettbewerbsorientiertes Mediensystem heraus,[83] das die optimale Vielfalt der Produkte durch Wettbewerb produziert, allerdings nicht die maximale.[84] Durch Käufe und Fusionen werden redaktionelle Leistungen ausgedünnt, der Austausch nimmt zu und die Qualität ab. Durch die Gründung von Gemeinschaftsunternehmen der Funke-Medien und Springer für die Anzeigenvermarktung und Vertrieb, finden weitere enge Kooperationen statt, in denen Springer federführend ist.[85] Eine Angleichung der Meinungen beider Häuser und deren Produkte an die Erwartungen der Lese- und Werbemärkte scheint unumgänglich. Der Ausgleich fehlender innerer Meinungsvielfalt (in einer Zeitung) durch äußere Meinungsvielfalt (andere Zeitungen) gestaltet sich aufgrund eines Duopols als schwierig, da hier nur die Wahl zwischen drei Zeitungen besteht, von denen zwei zum Springer Verlag gehören und damit nur noch die "taz." als genossenschaftliche Zeitung übrig bleibt. Publizistische Konzentrationswirkungen im lokal oder regional begrenzten Raum können gegebenenfalls durch gegenläufige Meinungsströmungen in benachbarten Gebieten (Schleswig-Holstein, Niedersachsen und Mecklenburg-Vorpommern) ausgeglichen werden.[86] Eine weitere Kompensation wäre auch intermediär, über regionales Fernsehen (NDR) und lokal Radio (NDR, Radio Hamburg, Oldie95 usw.) denkbar. Hier ist gleichzeitig zu bedenken, dass viele Verlage auch an Radiosendern beteiligt sind. So z. B. Axel Springer mit 35% an "Radio Hamburg", die wiederrum an einer Vielzahl weiterer Radiosender (Radio Nora, Oldie

---

[82] Vgl. Lange (2008), S. 191
[83] Vgl. Heinrich (1992), S. 247
[84] Vgl. Heinrich (1992), S. 247
[85] Vgl. Grieß (2014), S. 270f.
[86] Vgl. Hinrichsen (2013), S. 227

95.0) Anteile halten.[87] An anderen lokalen Radiosendern sind wiederrum Verlage wie beispielsweise Bauer-Media beteiligt.[88] So können bereits generierte Meinungen aus dem Printbereich aufgrund lateraler Konzentration nochmals verwendet werden. Auch ist fraglich, in wie weit sich der Wettbewerb untereinander um Hörer und Werber auf die Meinungsvielfalt auswirkt und sich hier die Meinungen bzgl. der Generallinie anpassen. Die Erhaltung der Funktionsfähigkeit des Meinungswettbewerbes in der Presse ist deshalb von hohem gesellschaftlichen Interesse.[89] Eine Möglichkeit für mehr Transparenz wäre z. B. eine erweiterte Impressumspflicht, die eine Auflistung von Beteiligungen an anderen Unternehmen und deren Medienprodukte umfassen könnte.[90] Zusätzlich sollte das Thema wieder auf die Forschungsagenda genommen und dabei auch das scheinbar "altmodische" Medium Zeitung berücksichtigt werden.[91]

---

[87] Vgl. www.ard-werbung.de/fileadmin/user_upload/media-perspektiven/pdf/2015/Basisdaten_2014_komplett_verlinkt.pdf Abgerufen am 28.12.2015
[88] Vgl. www.ard-werbung.de/fileadmin/user_upload/media-perspektiven/pdf/2015/Basisdaten_2014_komplett_verlinkt.pdf Abgerufen am 28.12.2015
[89] Vgl. May (2007), S. 232
[90] Vgl. Pointner (2010), S. 371
[91] Vgl. Holtz-Bacha (2006), S. 289

Literaturverzeichnis

App, Y.: Elektrischer Reporter - Phase III - 117: Lokales, Karikiertes und Archiviertes. Lokaljournalismus - Während das Zeitungssterben die Lokalzeitungen dahinrafft, entsteht neuer Lokaljournalismus im Netz., ZDF. http://www.elektrischer-reporter.de/phase3/video/358/ Abgerufen am 28.12.2015.

ARD-Werbung Sales & Services GmbH (2014): Media Perspektiven Basisdaten 2014. www.ard-werbung.de/fileadmin/user_upload/media-perspektiven/pdf/2015/Basisdaten_2014_komplett_verlinkt.pdf Abgerufen am 28.12.2015.

Augstein, F. (2005): Einfalt oder Vielfalt: von Pressekonzentration und Selbstgleichschaltung im Zeitungswesen, In: Blätter für deutsche und internationale Politik 50, 12, S. 1492–1502.

Beck, H. (2011): Medienökonomie. Print, Fernsehen und Multimedia. 3., überarb. und ergänzte Aufl., Berlin, Heidelberg.

Grieß, A. (2014): Springer-Funke Deal: Um Journalismus geht es niemandem, in: Kappes, C. (Hrsg.): Medienwandel kompakt 2011 - 2013. Netzveröffentlichungen zu Medienökonomie, Medienpolitik & Journalismus, Wiesbaden, S. 269–272.

Hamburger Abendblatt - Hamburg (2013): Harburger Anzeigen und Nachrichten werden eingestellt. http://www.abendblatt.de/hamburg/article116682994/Harburger-Anzeigen-und-Nachrichten-werden-eingestellt.html Abgerufen am 10.01.2016.

Heinrich, J. (1992): Publizistische Vielfalt aus wirtschaftswissenschaftlicher Sicht, in: Rager, G./Weber, B. (Hrsg.): Publizistische Vielfalt zwischen Markt und Politik. Mehr Medien, mehr Inhalte? Schriftenreihe der Pressestiftung NRZ herausgegeben von Dietrich Oppenberg und Hero Kind, Düsseldorf, New York, S. 232–250.

Heinrich, J./Lobigs, F. (2006): Publizistisches Angebot auf Lokal- und Regionalzeitungsmärkten und das Pressekartellrecht in der Schweiz und in Deutschland. Eine medienökonomische Analyse, in: Imhof, K., et al. (Hrsg.): Demokratie in der Mediengesellschaft. [Mediensymposium "Demokratie in der Mediengesellschaft" ... am 9., 10. und 11. Dezember 2004 in Luzern], S. 193–227.

Heinze, H./Jansen, K. (2012): Zeitungssterben in Deutschland. Die Financial Times Deutschland ist Geschichte: Die letzte Ausgabe erschien mit schwarzer Titelseite. Die "FTD" ist nicht das erste Opfer der deutschen Zeitungskrise. Und wird nicht das letzte sein. http://www.dw.com/de/zeitungssterben-in-deutschland/a-16435021 Abgerufen am 31.12.2015.

Hinrichsen, J. (2013): Crossmediale Konzentration und Sicherung der Meinungsvielfalt. Eine medien- und kartellrechtliche Untersuchung, Frankfurt.

Hofmann, N. (2010): Medienkonzentration und Meinungsvielfalt. Eine Analyse der Funktionsgrenzen der Fusionskontrolle auf dem Pressemarkt. 1. Aufl., Baden-Baden.

Höke, S. (2007): Sun vs. Bild. Boulevardpresse in Grossbritannien und Deutschland, Saarbrücken.

Holtz-Bacha, C. (2006): Von Dinosauriern, Haifischen und Heuschrecken. Zum Zustand des deutschen Zeitungsmarktes. Kolumne, In: Pub 51, 3, S. 287–289.

Hosp, G. (2005): Medienökonomik. Medienkonzentration, Zensur und soziale Kosten des Journalismus, Konstanz.

Klix, H. (2013): Die Regionalen: Stormarn. http://www.abendblatt.de/ratgeber/extra-journal/article120854924/Die-Regionalen-Stormarn.html Abgerufen am 10.01.2016.

Lange, B.-P. (2008): Medienwettbewerb, Konzentration und Gesellschaft. Interdisziplinäre Analyse von Medienpluralität in regionaler und internationaler Perspektive. 1. Aufl., Wiesbaden.

Lasarzik, A. (2014): Jurist äußert Zweifel an Angriff auf Davidwache. http://hh-mittendrin.de/2014/01/jurist-ausert-zweifel-an-angriff-auf-davidwache/ Abgerufen am 14.01.2016.

Mallik, S. (2004): Ist die Zeitung noch zu retten? Das Vielfaltsversprechen der Zeitung auf elektronischem Papier für Zeitungsmarkt und Zeitungsleser. Dissertation, Berlin.

May, F. C. (2007): Pressefreiheit und Meinungsvielfalt. 1. Aufl., Baden-Baden, Köln.

Meier, W. A. (2004): Gesellschaftliche Folgen der Medienkonzentration. APuZ. Essay, In: Aus Politik und Zeitgeschichte 12-13, B12-13, S. 3–6.

Pointner, N. (2010): In den Fängen der Ökonomie? Ein kritischer Blick auf die Berichterstattung über Medienunternehmen in der deutschen Tagespresse. 1. Aufl., Wiesbaden.

Röper, H. (2014a): Formationen deutscher Medienmultis: Verlagsgesellschaft Madsack. Probleme der Vielfaltssicherung und des Kartellrechts am Beispiel des Madsack-Konzerns, In: Media Perspektiven 2014, 10, S. 496–506.

Röper, H. (2014b): Zeitungsmarkt 2014: Erneut Höchstwert bei Pressekonzentration. Daten zur Konzentration der Tagespresse in der Bundesrepublik Deutschland im I. Quartal 2014, In: Media Perspektiven Nr. 5/2014, S. 254–270.

Schnell, M. (2008): Innovationen im deutschen Tageszeitungsmarkt. Eine Analyse des Wettbewerbsverhaltens überregionaler Tageszeitungen vor dem Hintergrund struktureller Marktveränderungen, Berlin.

Schütz, W. J. (2012a): Deutsche Tagespresse 2012. Ergebnisse der aktuellen Stichtagssammlung, In: Media Perspektiven 2012, 11, S. 570–593.

Schütz, W. J. (2012b): Redaktionelle Struktur der deutschen Tagespresse. Übersicht über den Stand 2012, In: Media Perspektiven 2012, 11, S. 594–603.

Schwegler, P. (2014): Funke kauft am Standort Hamburg zu.
http://www.wuv.de/medien/funke_kauft_am_standort_hamburg_zu Abgerufen am 03.01.2016.

Spoo, E. (1980): Inhaltliche Konzentration der Presse und Rolle der Journalisten, in: Prof. Dr. Zerdick, Axel/Klause, S./Knoche, M. (Hrsg.): Probleme der Pressekonzentrationsforschung. Ein Experten-Colloquium an der Freien Universität Berlin, Baden-Baden, S. 165–173.

Statistisches Amt für Hamburg und Schleswig-Holstein (2015): Hamburger Stadtteil-Profile 2015. NORD.regionale. http://www.statistik-nord.de/fileadmin/Dokumente/NORD.regional/NR17_Statistik-Profile_HH_2015.pdf Abgerufen am 10.01.2016.

Statistisches Landesamt Bremen, et al. (2011): Metropolregion Hamburg. Ausgewählte erste Ergebnisse des Zensus vom 9. Mai 2011, Nord Deutschland.

Trappel, J., et al. (2002): Die gesellschaftlichen Folgen der Medienkonzentration. Veränderungen in den demokratischen und kulturellen Grundlagen der Gesellschaft, Opladen.

Weber, B. (1992): Medienkonzentration, Marktzutrittsschranken und publizistische Vielfalt, in: Rager, G./Weber, B. (Hrsg.): Publizistische Vielfalt zwischen Markt und Politik. Mehr Medien, mehr Inhalte? Schriftenreihe der Pressestiftung NRZ herausgegeben von Dietrich Oppenberg und Hero Kind, Düsseldorf, New York, S. 251–269.

Wirtz, B. W. (2009): Medien- und Internetmanagement. 6., überarb. Aufl., Wiesbaden.